M. CRIST
Docente presso l'Università Ita

SINONIMI E CONTRARI

MINI-DIZIONARIO DELLA LINGUA ITALIANA PER STRANIERI

EDIZIONI GUERRA - PERUGIA

© Copyright - Edizioni Guerra Perugia 1989

Tutti i diritti riservati

I Edizione - Gennaio 1989

PRESENTAZIONE

Il Mini-Dizionario dei Sinonimi e dei Contrari della Lingua Italiana ad uso di studenti stranieri nasce dalla mia esperienza di insegnamento presso l'Università Italiana per Stranieri di Perugia.

Se il Dizionario fosse stato scritto ad uso di studenti italiani, il suo scopo sarebbe stato quello di cogliere il valore più particolare di ciascun termine sinonimo e soprattutto quello di offrire una serie ricca il più possibile di termini affini tra loro, per consentire allo studente la scelta di quello che si adatta meglio alla precisa determinazione del suo pensiero. Ora le differenze tra sinonimi solo in piccola parte sono differenze di nozione: per lo più si tratta di diversità ambientali o affettive, e per questo motivo molto spesso le spiegazioni date dai comuni dizionari lasciano insoddisfatti proprio quando si cerca di trasferire sul piano intellettuale quella che è una differenza di atmosfera o di tono.

Sinonimia è una parola derivata dal greco e significa « identità di nome ». Ma la definizione, etimologicamente esatta, non lo è altrettanto nella sua attuazione pratica perché i sinonimi in realtà non sono identici fra loro. I dizionari dei sinonimi registrano e trattano, più o meno minutamente, gruppi di nozioni strettamente affini, individuati per mezzo di termini di identificazione poi disposti alfabeticamente.

Il Mini-Dizionario dei Sinonimi e dei Contrari è stato creato per essere di aiuto a studenti stranieri al loro primo approccio con la lingua italiana. Per questo motivo ho elencato le 1.500 parole di uso più frequente in quanto è stato statisticamente provato che delle circa 50.000 parole di cui una lingua moderna si compone, le prime 1.500 più frequenti coprono quasi l'88% dell'uso. Ad ogni parola corrispondono due o tre termini sinonimi ed uno solo contrario: questo allo scopo di non creare confusione nell'apprendimento di più vocaboli e di fissare quindi nella loro mente il primo termine. Il fine quindi è quello di arricchire ed ampliare il loro vocabolario e con la conoscenza immediata del *contrario* rendere più chiara la prima parola.

Oggi in un apprendimento linguistico ideale è necessario partire dalla lingua parlata, infatti il fine della gran parte degli studenti è proprio quello di comprendere e di esprimersi nel più breve tempo possibile in ogni situazione.

Il Mini-Dizionario dei Sinonimi e dei Contrari anche ad un primo livello, ad un livello preparatorio, permette agli studenti di apprendere uno o due termini sinonimi accrescendo quindi, sin dalla prima conoscenza della lingua, il lessico italiano.

L'apprendimento del *contrario* è molto utile ad un primo livello per far memorizzare maggiormente il termine e per rafforzarne il valore con l'evidenza stessa del contrasto.

Lezioni di lessico con esercitazioni sull'uso dei sinonimi e dei contrari sono molto richieste dagli studenti in genere, dagli stessi, molto gradite.

Dei 1500 termini elencati ho indicato minutamente le caratteristiche morfologiche e l'abbreviazione che segue ogni parola specifica se siano sostantivi, e di che genere, se siano aggettivi o preposizioni o congiunzioni o avverbi e nel caso dei verbi, se si tratti di transitivi o intransitivi (con l'ausiliare usato).

Spero di essere stata abbastanza chiara nella presentazione di questo Mini-Dizionario e mi auguro che possa essere di valido aiuto a tutti gli studenti stranieri.

M. Cristina Fazi

INTRODUCTION

The idea to write the *Mini-Dictionary of Synonyms and Antonyms* for the use of foreign students rose from my teaching experiences at the Italian University for Foreigners at Perugia.

If the Dictionary had been written for Italian students, its aim would have been to gather the most in depth significance from each synonymous term and, above all, to offer a rich series of related terms. It would thus be possible to choose the word which best exemplifies the student's thoughts. Now, the differences between synonyms are only in small part those of notion: for the most part, it's a matter of environmental and affective differences. For that reason, the explanations given by normal dictionaries often prove unsatisfactory, especially, when one tries to transfer a difference in atmosphere and tone on to an intellectual level.

The word synonymy is derived from the Greek and means « identity of name ». But the definition, though etymologically exact, is not accurate in practice because synonyms are not identical (in meaning). Dictionaries of synonyms give and deal with, more or less in detail, groups of closely related words, which are characterized by terms of identification, and then arranged alphabetically.

The *Mini-Dictionary of Synonyms and Antonyms* was written in order to help foreign students with their first approach to the Italian language. For this reason, I have listed the 1.500 most frequently used words. In addition, it has been statistically proved that of the approximately 50.000 words which compose a language, the first 1.500 most frequently used cover around 88 percent of those currently in use. Two or three synonyms and one antonym correspond to each word. The purpose of this is to avoid confusion when learning several words (in a short period) and to reinforce the first term in the student's memory. Therefore, the aim is to enrich and broaden the student's vocabulary and thus better clarify the initial word by immediately acquainting the student with its antonym.

Today, the ideal way to learn a language is to start off from the spoken language. In fact, the goal of most students is to understand and be able to express themselves in any situation and in the shortest time possible.

The *Mini-Dictionary of Synonyms and Antonyms* permits students, even at an elementary or preparatory level, to learn right from the very beginning, one or two synonyms, thereby aiding the expansion of their vocabulary.

Learning antonyms at an elementary level is very useful in that it assists greatly in the memorization of a word and the reinforcement of its significance.

Vocabulary lessons along with exercises on the use of synonyms and antonyms are in great demand by students and are usually welcomed by them.

I have indicated in detail the morphological characteristics of each of the 1.500 words listed. The abbreviation which follows each word specifies if they are nouns, and of which gender, if they are adjectives or prepositions or conjunctions or adverbs and, in the case of verbs, if they are intransitive or transitive (with the appropriate auxiliary).

I hope I have been clear enough in my presentation of this *Mini-Dictionary* and that it will be of great help to all foreign students.

M. Cristina Fazi

ABBREVIAZIONI

agg.	*aggettivo*
aus.	*ausiliare*
avv.	*avverbio*
cong.	*congiunzione*
contr.	*contrario*
esclam.	*esclamazione*
f.	*femminile*
impers.	*impersonale*
indecl.	*indeclinabile*
indef.	*indefinito*
intr.	*intransitivo*
invar.	*invariabile*
loc.	*locuzione*
m.	*maschile*
pers.	*personale*
plur.	*plurale*
prep.	*preposizione*
pron.	*pronome*
pronom.	*pronominale*
rec.	*reciproco*
rifl.	*riflessivo*
sing.	*singolare*
s.	*sostantivo*
tr.	*transitivo*
v.	*verbo*

A

	SINONIMI	CONTRARI
abbandonare, v. tr.	lasciare, rinunziare.	*continuare.*
abbastanza, avv.	a sufficienza, sufficientemente.	*poco.*
abbracciare, v. tr.	stringere con le braccia.	–
abbracciarsi, v. rifl.	stringersi a qualcosa, a qualcuno.	–
abbreviazione, s. f.	accorciamento (di parola).	*allungamento.*
abitante, s. m. e f.	residente.	–
abitare, v. intr. aus. avere	vivere (in un luogo), stare, risiedere.	*trasferirsi.*
abito, s. m.	vestito.	–
abituare, v. tr.	far prendere un'abitudine, assuefare.	*disabituare.*
abituarsi, v. rifl.	assuefarsi, prendere un'abitudine.	*disabituarsi.*
abitudine, s. f.	consuetudine, assuefazione.	–
accadere, v. intr. aus. essere	avvenire, capitare, succedere.	–
accanto, avv.	vicino.	*lontano.*
accendere, v. tr.	–	*spegnere.*
accento, s. m.	intonazione, pronuncia.	–
accettare, v. tr.	accogliere, dire di sì.	*rifiutare.*
accogliere, v. tr.	ricevere.	*respingere.*
accomodare, v. tr.	aggiustare, riparare.	*guastare.*

	Sinonimi	Contrari
accompagnare, v. tr.	andare insieme.	–
accordo, s. m.	armonia, intesa.	*disaccordo.*
accorgersi, v. intr. pronom.	rendersi conto, capire, comprendere.	–
accusare, v. tr.	incolpare.	*discolpare.*
adatto, agg.	giusto, idoneo.	*inadatto.*
addirittura, avv.	persino, nientemeno.	–
addormentare, v. tr.	far dormire.	*svegliare.*
addormentarsi, v. intr. pronom.	prendere sonno.	*svegliarsi.*
adesso, avv.	ora, in questo momento.	*prima, una volta.*
aereo, s. m.	aeroplano.	–
aeroporto, s. m.	campo di aviazione.	–
affacciarsi, v. rifl.	mostrarsi, sporgersi.	*ritirarsi.*
affare, s. m.	cosa, faccenda.	–
affatto, avv.	del tutto, interamente.	*niente affatto.*
affetto, s. m.	amore, attaccamento, tenerezza.	*indifferenza.*
affitto, s. m.	fitto, pigione.	–
affrontare, v. tr.	far fronte, fronteggiare.	*evitare.*
aggiungere, v. tr.	dare, mettere, dire qualcosa di più.	*togliere.*
agitare, v. tr.	scuotere, mescolare.	*fermare.*
agitarsi, v. rifl.	turbarsi, smaniare.	*calmarsi.*
agricoltura, s. f.	agraria, coltivazione (della terra).	–
aiutare, v. tr.	dare, prestare aiuto.	*danneggiare.*
aiuto, s. m.	assistenza, soccorso.	–

	SINONIMI	CONTRARI
albergo, s. m.	hotel.	–
albero, s. m.	pianta.	–
alleato, agg. e s. m.	compagno, socio.	*avversario.*
allegro, agg.	contento, gaio, vivace.	*triste.*
allievo, s. m.	alunno, scolaro.	*maestro.*
allontanare, v. tr.	scostare, mandare lontano.	*avvicinare.*
allontanarsi, v. intr. pronom.	assentarsi, andare lontano.	*avvicinarsi.*
allora, avv.	in quel momento, in quel tempo.	*adesso.*
almeno, avv.	se non altro, se non di più.	–
altezza, s. f.	altitudine, elevazione.	*bassezza.*
alto, agg.	elevato.	*basso.*
altrettanto, avv.	nello stesso modo, nella stessa maniera.	–
altrimenti, avv.	in altro modo, diversamente.	*ugualmente, allo stesso modo.*
altruismo, s. m.	amore per il prossimo.	*egoismo.*
alzare, v. tr.	sollevare, elevare.	*abbassare.*
amare, v. tr.	voler bene, desiderare.	*odiare.*
amaro, agg.	non dolce.	*dolce.*
ambientarsi, v. rifl.	adattarsi, assuefarsi ad un ambiente.	–
amicizia, s. f.	familiarità, dimestichezza.	*inimicizia.*
amico, s. m.	compagno.	*nemico.*
ammalarsi, v. intr. pronom.	prendersi una malattia.	*guarirsi.*

	Sinonimi	Contrari
ammettere, v. tr.	lasciar entrare, accogliere.	*escludere.*
amore, s. m.	affetto, tenerezza.	*odio.*
anche, cong.	pure.	–
ancora, avv.	nuovamente, finora.	–
andare, v. intr. aus. essere	recarsi, avviarsi.	*venire.*
angoscia, s. f.	tormento, ansia.	*calma.*
animale, s. m.	bestia.	–
animo, s. m.	spirito, indole.	–
annegare, v. intr. aus. essere	affogare.	–
annoiare, v. tr.	dar noia, infastidire.	*divertire.*
annoiarsi, v. intr. pronom.	provare, sentir noia.	*divertirsi.*
annunciare, v. tr.	dare una notizia, informare.	*tenere nascosta una notizia.*
anteriormente, avv.	davanti.	*posteriormente.*
antico, agg.	vecchio, remoto.	*moderno.*
antipatico, agg.	spiacevole, inviso.	*simpatico.*
anzi, cong.	invece, al contrario.	–
appagare, v. tr.	soddisfare, contentare.	*scontentare.*
apparire, v. intr. aus. essere	mostrarsi, comparire.	*sparire.*
appartarsi, v. intr. pronom.	ritirarsi, isolarsi.	–
appartenere, v. intr. aus. essere	essere di qualcuno.	–
appena, avv.	a stento, a fatica.	–
appena, cong.	subito dopo che.	–

	SINONIMI	CONTRARI
appetito, s. m.	voglia e gusto di mangiare.	*inappetenza.*
apposta, avv.	intenzionalmente, espressamente.	*involontariamente.*
appunto, avv.	precisamente, esattamente.	*invece.*
aprire, v. tr. aus. avere	dischiudere,	*chiudere.*
argomento, s. m.	soggetto, tema.	–
amare, v. tr.	fornire, dotare di armi.	*disarmare.*
arrabbiarsi, v. intr. pronom.	irritarsi, infuriarsi.	*calmarsi.*
arrestare, v. tr.	fermare, carcerare.	*liberare.*
arrivare, v. intr. aus. essere	giungere.	*partire.*
arrivo, s. m.	venuta.	*partenza.*
ascesa, s. f.	salita.	*discesa.*
asciugare, v. tr.	astergere.	*bagnare.*
ascoltare, v. tr.	stare a sentire, prestare attenzione.	–
aspettare, v. tr.	attendere, stare in attesa.	–
assaggiare, v. tr.	gustare, assaporare.	–
assai, avv.	molto, parécchio.	*poco, non abbastanza.*
assente, agg.	non presente.	*presente.*
assistere, v. intr. aus avere	essere presente.	*essere assente.*
assumere, v. tr.	prendere con sé.	*licenziare.*
attaccare v. tr.	unire, appendere.	*staccare.*
atteggiamento, s. m.	aria, modo di comportarsi.	–

	Sinonimi	Contrari
attendere, v. tr.	aspettare.	–
attento, agg.	vigile, diligente.	*disattento.*
attenzione, s. f.	riflessione, applicazione.	*disattenzione.*
attimo, s. m.	momento, istante.	*eternità.*
attività, s. f.	operosità, energia.	*indolenza.*
attivo, agg.	operoso, energico.	*inattivo.*
atto, s. m.	azione, gesto.	–
attorno, avv.	intorno.	*lontano.*
attraversare, v. tr.	passare attraverso, passare.	–
attuale, agg.	presente, odierno.	*inattuale.*
aula, s. f.	grande stanza, grande sala.	–
aumentare, v. tr.	accrescere, ampliare.	*diminuire.*
auto, s. f.	macchina, automobile.	–
autorità, s. f.	potere, prestigio.	*sottomissione.*
avanti, avv.	innanzi, davanti.	*indietro.*
avanzare, v. intr. aus. essere e avere	procedere, andare avanti.	*retrocedere.*
avvenire, v. intr. aus. essere	accadere, succedere, capitare.	–
avventura, s. f.	avvenimento (insolito), caso.	–
avversione, s. f.	forte antipatia, ripugnanza.	*simpatia.*
avvertenza, s. f.	avviso, avvertimento.	–
avvertire, v. tr.	avvisare, consigliare.	*non avvertire.*
avvicinare, v. tr.	accostare, mettere vicino.	*allontanare.*

14

	SINONIMI	CONTRARI
avvicinarsi, v. intr. pronom.	accostarsi.	*allontanarsi.*
avviso, s. m.	notizia, annuncio.	–
avvocato, s. m.	difensore, legale.	–
azione, s. f.	atto, impresa.	*inazione.*
azzurro, agg.	turchino, celeste.	–

B

	Sinonimi	Contrari
Babbo, s. m.	padre, papà.	–
baciare, v. tr.	dare baci.	–
baciarsi, v. rifl. rec.	darsi baci.	–
badare, v. intr. aus. avere	fare attenzione, stare attento.	*distrarsi.*
bagnarsi, v. intr. pronom.	fare il bagno.	*asciugarsi.*
ballare, v. intr. aus. avere	danzare.	–
bambino, s. m.	bimbo, fanciullo.	*vecchio.*
banca, s. f.	banco, istituto di credito.	–
barare, v. intr. aus. avere	truffare, rubare al gioco.	–
baratro, s. m.	precipizio, abisso.	*sommità.*
barcollare, v. intr. aus. avere	tentennare, vacillare.	*andare diritto.*
base, s. f.	fondamento.	*vertice.*
basilica, s. f.	tempio, chiesa principale.	–
basso, agg.	poco elevato, piccolo.	*alto.*
bastare, v. intr. aus. essere	essere sufficiente.	*essere insufficiente.*
battaglia, s. f.	combattimento, lotta.	–
battere, v. tr.	colpire, picchiare.	–
beatitudine, s. f.	felicità, gioia.	*infelicità.*
beato, agg.	felice, contento.	*infelice.*
bellezza, s. f.	grazia, avvenenza.	*bruttezza.*

	SINONIMI	CONTRARI
bello, agg.	avvenente, ben fatto.	*brutto.*
benché, cong.	sebbene, quantunque.	–
bene, avv.	in modo buono, giusto.	*male.*
benedire, v. tr.	consacrare, augurare bene.	*maledire.*
beneficare, v. tr.	far del bene, aiutare.	*danneggiare.*
benessere, s. m.	agiatezza, prosperità.	*disagio.*
bestia, s. f.	animale.	*uomo.*
bianco, agg.	di colore bianco.	*nero.*
biasimare, v. tr.	disapprovare, criticare.	*elogiare.*
bidello, s. m.	usciere, custode.	–
biglietto, s. m.	cartoncino, scontrino.	–
bisbigliare, v. intr. aus. avere	mormorare, sussurrare.	*parlare ad alta voce (forte).*
bisnonno, s. m.	padre del nonno o della nonna.	–
bisognare, v. intr. e impers. aus. essere	essere necessario, aver bisogno.	–
bisogno, s. m.	necessità, occorrenza.	–
bisticciare, v. intr. aus. avere	litigare.	*andare d'accordo.*
bisticcio, s. m.	litigio.	*accordo.*
bizzarro, agg.	estroso, curioso.	*normale.*
bloccare, v. tr.	arrestare, fermare.	*sbloccare.*
bocciare, v. tr.	respingere, non approvare.	*promuovere.*
bollente, agg.	caldissimo, fumante.	*ghiacciato.*
bontà, s. f.	benignità, benevolenza.	*cattiveria.*

	Sinonimi	Contrari
borghesia, s. f.	classe media.	–
botta, s. f.	colpo, percossa.	–
bottega, s. f.	piccolo negozio.	–
bravo, agg.	valente, capace.	*incapace.*
breve, agg.	corto.	*lungo.*
brevità, s. f.	cortezza, concisione.	*lunghezza.*
brillante, agg.	vivace, spiritoso.	*serio.*
brillare, v. intr. aus. avere	splendere, risplendere.	–
brusco, agg.	aspro, duro.	*dolce.*
brutto, agg.	sgraziato, piacevole.	*bello.*
buffo, agg.	curioso, ridicolo.	*serio.*
bugia, s. f.	falsità, invenzione.	*verità.*
bugiardo, agg.	falso.	*sincero.*
buio, s. m.	oscurità.	*luce.*
buono, agg.	mite, bonario.	*cattivo.*
buonumore, s. m.	allegria, serenità.	*malumore.*
burbero, agg.	severo, rigido.	*bonario.*
bussare, v. intr. aus. avere	battere, picchiare alla porta	–
buttare, v. tr.	gettare, gettare via.	*raccogliere.*

C

	SINONIMI	CONTRARI
Cacciare, v. tr.	mandare, via, scacciare.	*accogliere.*
cadere, v. intr. aus. essere	cascare.	*rialzarsi.*
calamità, s. f.	sventura, disgrazia.	*fortuna.*
caldo, s. m. e agg.	–	*freddo.*
calendario, s. m.	almanacco, lunario.	–
calma, s. f.	tranquillità, quiete.	*agitazione.*
calmare, v. tr.	placare, tranquillizzare.	*eccitare.*
calmarsi, v. rifl.	placarsi, tranquillizzarsi.	*eccitarsi.*
calmo, agg.	tranquillo, sereno.	*agitato.*
calzoni, s. m. plur.	pantaloni.	–
cambiare, v. tr.	mutare, variare.	*lasciare immutato.*
cambio, s. m.	scambio.	–
camera, s. f.	stanza per dormire, stanza da letto.	–
camminare, v. intr. aus. avere	muoversi a piedi, passeggiare.	*fermarsi.*
cammino, s. m.	strada.	*sosta.*
canzonare, v. tr.	prendere in giro, deridere.	*adulare.*
caos, s. m.	disordine, confusione	*ordine.*
capace, agg.	abile, intelligente, esperto.	*incapace.*
capacità, s. f.	abilità, intelligenza.	*incapacità.*

19

	Sinonimi	Contrari
capire, v. tr.	comprendere, intendere.	*non capire.*
capitare, v. intr. aus. essere	accadere, avvenire, succedere.	–
capo, s. m.	testa.	–
capogiro, s. m.	giramento di testa.	–
cappotto, s. m.	soprabito.	–
capriccioso, agg.	irragionevole, pieno di capricci.	*ragionevole.*
carattere, s. m.	indole, temperamento.	–
caratteristico, agg.	proprio, particolare, tipico.	*generico.*
carcerare, v. tr.	mettere in carcere, imprigionare.	*scarcerare.*
carcere, s. m.	prigione.	–
carino, agg.	grazioso, piacevole.	*brutto.*
caro, agg.	costoso, di alto prezzo.	*a buon mercato.*
casa, s. f.	abitazione, alloggio.	–
caso, s. m.	sorte, destino, avvenimento strano.	–
castigo, s. m.	punizione, pena.	*perdono.*
catastrofe, s. f.	disastro, sciagura.	*fortuna.*
cattivo, agg.	malvagio.	*buono.*
causa, s. f.	motivo, ragione.	*effetto.*
causare, v. tr.	provocare, produrre.	*impedire.*
cavare, v. tr.	levare, togliere.	*mettere.*
cedere, v. intr. aus. avere	subire, non resistere.	*resistere.*

	SINONIMI	CONTRARI
cedere, v. tr.	dare, concedere.	*tenere per sé.*
celebre, agg.	conosciuto, famoso, noto.	*sconosciuto.*
celibe, agg. e s. m.	senza moglie, scapolo.	*coniugato.*
cenno, s. m.	gesto, mossa, segno.	–
centrale, agg.	posto al centro, principale.	*periferico.*
centro, s. m.	punto centrale, parte centrale.	*periferia.*
cercare, v. tr.	andare in cerca, ricercare.	*trovare.*
cercare, v. intr. aus. avere	sforzarsi, tentare, provare.	–
certamente, avv.	sicuramente, indubbiamente.	*forse.*
certo, agg.	sicuro, vero.	*incerto.*
certo, agg. e pron. indef.	qualche, alcuno.	–
cessare, v. intr. aus. essere	smettere, finire.	*ricominciare.*
cessare, v. tr.	interrompere, porre fine.	*riprendere.*
chiacchierare, v. intr. aus. avere	discorrere, conversare di cose poco importanti.	*discorrere di cose serie.*
chiamare, v. tr.	rivolgersi a qualcuno.	*rispondere.*
chiamarsi, v. intr. pronom.	avere nome.	–
chiaramente, avv.	chiaro.	*in modo oscuro.*
chiaro, agg.	sereno, luminoso.	*scuro.*
chiasso, s. m.	rumore, frastuono.	*silenzio.*
chiedere, v. tr.	domandare, richiedere.	*rispondere.*
chiudere, v. tr.	serrare.	*aprire.*

	SINONIMI	CONTRARI
chiunque, pron. pers. solo sing.	qualunque persona.	–
ciascuno, agg. e pron. indef.	ogni, tutti.	–
cieco, agg.	privo della vista.	–
cielo, s. m.	firmamento.	*terra.*
cima, s. f.	sommità, vertice.	*fondo.*
circa, avv. e prep.	quasi, all'incirca.	*esattamente.*
circondare, v. tr.	accerchiare, attorniare.	–
città, s. f.	centro abitato esteso.	*campagna.*
cittadino, s. m.	abitante di uno Stato o di una città.	*contadino.*
civile, agg.	umano, perbene.	*incivile.*
civiltà, s. f.	progresso, cultura.	*inciviltà.*
cliente, s. m.	compratore regolare.	*negoziante.*
clima, s. f.	temperatura di un posto.	–
cogliere, v. tr.	staccare dalla pianta.	–
cognome, s. m.	nome della famiglia.	–
collina, s. f.	ira, rabbia.	*calma.*
collera, s. f.	colle, altura.	*pianura.*
colmare, v. tr.	riempire.	*vuotare.*
colpa, s .f.	errore, mancanza.	*discolpa.*
colpire, v. tr.	dare colpi, percuotere.	*non colpire.*
colpo, s. m.	botta.	–
comandare, v. tr.	ordinare, imporre.	*obbedire.*
comando, s. m.	ordine, imposizione.	*obbedienza.*
combattere, v. intr. aus. avere	lottare, battersi, guerreggiare.	*stare in pace.*

	SINONIMI	CONTRARI
come, avv.	in quel modo che.	–
cominciare, v. tr.	iniziare, incominciare.	*finire.*
commedia, s. f.	componimento teatrale (a lieto fine).	*tragedia.*
commerciante, s. m.	negoziante.	*compratore.*
commuovere, v. tr.	destare pietà, turbare.	*lasciare indifferente.*
commuoversi, v. intr. pronom.	turbarsi, intenerirsi.	*restare indifferente.*
comodo, s. m.	comodità, agio.	*disagio.*
compagnia, s. f.	gruppo, comitiva.	–
compagno, s. m.	amico, collega.	–
compiere, v. tr.	finire, terminare.	*cominciare.*
compito, s. m.	lavoro o esercizio assegnato.	–
completamente, avv.	del tutto, totalmente.	–
completo, agg.	pieno.	*incompleto.*
comportamento, s. m.	condotta, contegno.	–
comportarsi, v. intr. pronom.	agire (bene o male).	–
comprendere, v. tr.	capire, intendere.	*non capire.*
comune, agg.	di tutti, generale.	*particolare.*
comune, s. m.	municipio.	–
concedere, v. tr.	permettere, accordare.	*negare.*
concerto, s. m.	esecuzione di musica.	–
conciliare, v. tr.	accordare, mettere d'accordo.	*mettere in disaccordo.*
concludere, v. tr.	finire, terminare.	*cominciare.*

	Sinonimi	Contrari
condannare, v. tr.	punire, infliggere una pena.	*assolvere.*
condizione, s. f.	stato, grado.	–
condurre, v. tr.	guidare, accompagnare.	*seguire.*
confessare, v. tr.	dichiarare, ammettere.	*negare.*
confine, s. m.	frontiera, limite.	–
confortare, v. tr.	consolare, incoraggiare.	*scoraggiare.*
confusione, s. f.	caos, disordine.	*ordine.*
confuso, agg.	disordinato.	*ordinato.*
congratularsi, v. intr. pronom.	rallegrarsi, felicitarsi con qualcuno.	*commiserare.*
coniugazione, s. f.	flessione dei verbi.	–
conoscenza, s. f.	cognizione, nozione.	*ignoranza.*
conoscere, v. tr.	apprendere, sapere.	*ignorare.*
consegnare, v. tr.	dare nelle mani, affidare.	*ricevere.*
conservare, v. tr.	tenere, serbare.	*gettar via.*
conservarsi, v. intr. pronom.	mantenersi bene.	–
considerare, v. tr.	esaminare, riflettere.	*trascurare.*
considerarsi, v. intr. pronom.	credersi, ritenersi.	–
consigliare, v. tr.	dar consiglio, suggerire.	*sconsigliare.*
consigliarsi, v. intr. pronom.	chieder consiglio, consultare.	–
consiglio, s. m.	suggerimento, parere.	–
consolare, v. tr.	confortare, incoraggiare.	*affliggere.*
consueto, agg.	solito, abituale.	*inconsueto.*
consumare, v. tr.	finire, esaurire.	*conservare.*

	SINONIMI	CONTRARI
contadino, s. m.	agricoltore, campagnolo.	*cittadino.*
contare, v. tr.	valutare, numerare.	–
contatto, s. m.	vicinanza, rapporto.	*distanza.*
contenere, v. tr.	comprendere in sé, racchiudere.	–
contento, agg.	felice, soddisfatto, allegro.	*scontento.*
continuare, v. tr.	seguitare, proseguire.	*smettere.*
continuo, agg.	continuato, ininterrotto.	*discontinuo.*
contraddire, v. tr.	contestare, contrastare.	*approvare.*
contrario, agg.	opposto, avverso.	*uguale.*
contrario, s. m.	la cosa opposta.	*la stessa cosa.*
controllare, v. tr.	verificare, sorvegliare.	*trascurare.*
controllarsi, v. rifl.	frenarsi, contenersi.	*non sapersi dominare.*
conversare, v. intr. aus. avere	discorrere.	*non partecipare alla conversazione.*
conversazione, s. f.	scambio di idee, discorso.	–
convincere, v. tr.	persuadere.	*dissuadere.*
convincersi, v. intr. pronom.	capire, persuadersi.	–
coprirsi, v. intr. pronom.	ripararsi.	*scoprirsi.*
coraggio, s. m.	audacia, valore.	*viltà.*
coraggioso, agg.	audace, intrepido.	*vile.*
coricarsi, v. rifl.	mettersi a letto, andare a letto.	*alzarsi.*
correggere, v. tr.	modificare, rivedere.	*non correggere.*

	SINONIMI	CONTRARI
corrente, s. f.	corso d'acqua (impetuoso).	–
correre, v. intr. aus. avere e essere	procedere velocemente, affrettarsi.	*andare piano, lentamente.*
corto, agg.	breve, di poca durata.	*lungo.*
coscienza, s. f.	consapevolezza.	*incoscienza.*
così, avv.	in questo modo, in questa maniera.	–
costante, agg.	continuo, durevole.	*incostante.*
costare, v. intr. aus. essere	valere, avere un prezzo.	–
costituire, v. tr.	formare, creare.	*disgregare.*
costringere, v. tr.	obbligare, forzare.	*lasciar libero.*
costruire, v. tr.	edificare, fabbricare.	*demolire.*
cotto, agg.	sottoposto a coltura.	*crudo.*
creare, v. tr.	fare, produrre.	*distruggere.*
credere, v. tr.	pensare, supporre.	*dubitare.*
credersi, v. intr. pronom.	immaginarsi.	–
crescere, v. intr. aus. essere	svilupparsi, aumentare.	*diminuire.*
crisi, s. f.	momento difficile, grave.	*miglioramento.*
crudele, agg.	spietato, atroce.	*buono.*
crudo, agg.	non cotto o poco cotto.	*cotto.*
cucire, v. tr.	rammendare, imbastire.	*scucire.*
cultura, s. f.	istruzione, conoscenza.	*ignoranza.*
cura, s. f.	attenzione.	*incuria.*
curare, v. tr.	aver cura, badare.	*trascurare.*
curioso, agg.	strano, singolare.	*normale.*
custode, s. m.	guardiano, usciere, portiere.	–

D

	Contrari	Sinonimi
Danaroso, agg.	ricco, facoltoso.	*povero.*
danza, s. f.	ballo.	–
danzare, v. tr. e intr. aus. avere	ballare.	–
dappertutto, avv.	in ogni luogo, ovunque.	–
dapprima, avv.	da principio, in un primo momento.	*poi.*
dare, v. tr.	consegnare, porgere.	*togliere.*
data, s. f.	giorno, mese ed anno.	–
davanti, prep. e avv.	innanzi, avanti.	*dietro.*
davvero, avv.	veramente, sul serio.	–
debito, s. m.	denaro dovuto.	*credito.*
debole, agg.	di poca forza, gracile.	*forte.*
decidere, v. tr.	stabilire, definire.	*non decidere.*
decidersi, v. intr. pronom.	prendere una decisione.	*esitare.*
decisione, s. f.	risoluzione, determinazione.	*indecisione.*
deciso, agg.	risoluto, pronto.	*indeciso.*
dedicare, v. tr.	donare, offrire.	–
dedicarsi, v. intr. pronom.	darsi, occuparsi.	*disinteressarsi.*
definire, v. tr.	risolvere, concludere.	*sospendere.*
delusione, s. f.	disinganno.	*illusione.*
denaro, s. m.	soldi, quattrini.	–
dentro, avv.	internamente.	*fuori.*

	Sinonimi	Contrari
desiderare, v. tr.	volere, avere voglia.	–
desiderio, s. m.	voglia.	–
destino, s. m.	sorte, fato.	–
determinato, agg.	stabilito, definito.	*indeterminato.*
detestare, v. tr.	odiare, biasimare.	*amare.*
dettato, s. m.	testo scritto sotto dettatura.	–
diavolo, s. m.	demonio.	*angelo.*
dichiarare, v. tr.	dire, affermare.	*tacere.*
dietro, avv.	alle spalle, nella parte posteriore.	*davanti.*
difendere, v .tr.	salvaguardare, proteggere .	–
difendersi, v. intr. pronom.	salvaguardarsi.	*offendere.*
difesa, s. f.	protezione, aiuto.	*offesa.*
difetto, s. m.	mancanza, imperfezione.	*pregio.*
differente, agg.	diverso.	*uguale.*
differenza, s. f.	diversità.	*uguaglianza.*
difficile, agg.	difficoltoso, complicato.	*facile.*
difficoltà, s. f.	ostacolo, complicazione.	*facilità.*
digiunare, v. intr. aus. avere	non mangiare, fare digiuno.	*mangiare.*
dimenticare, v. tr.	scordare.	*ricordare.*
dimenticarsi, v. intr. pronom.	scordarsi.	*ricordarsi.*
diminuire, v. tr.	ridurre.	*aumentare.*
diminuire, v. intr. aus. essere	decrescere.	*crescere.*

	SINONIMI	CONTRARI
dimostrare, v. tr.	mostrare, manifestare.	*nascondere.*
dinamico, agg.	attivo, energico.	*inattivo.*
dinanzi, avv. e prep.	davanti, innanzi.	*dietro.*
dipendere, v. intr. aus. essere	derivare, essere causato.	*non dipendere.*
dipingere, v. tr.	pitturare, colorare.	–
dire, v. tr.	esprimersi, parlare.	*tacere.*
direttore, s. m.	dirigente, capo.	*dipendente.*
dirigere, v. tr.	guidare, condurre.	–
diritto, s. m.	facoltà, titolo.	*dovere.*
disabitato, agg.	non abitato, deserto.	*abitato.*
disaccordo, s. m.	disarmonia, discordia.	*accordo.*
disadatto, agg.	inadatto.	*adatto.*
discesa, s. f.	–	*salita.*
discordia, s. f.	disaccordo, contrasto.	*concordia.*
discorso, s. m.	conversazione, colloquio.	–
discutere, v. tr.	esaminare, dibattere, trattare.	*accordarsi.*
disgrazia, s. f.	sventura, infortunio.	*fortuna.*
disordine, s. m.	confusione, caos, scompiglio.	*ordine.*
disperare, v. intr. aus. avere	non sperare più.	–
disperarsi, v. intr. pronom.	farsi prendere dalla disperazione.	*consolarsi.*
disperazione, s. f.	sconforto, scoraggiamento.	*serenità.*
disporre, v. tr.	preparare, allestire.	–

29

	SINONIMI	CONTRARI
disposizione, s. f.	collocazione, ordine.	–
disprezzare, v. tr.	sprezzare, disdegnare.	*apprezzare.*
distante, agg.	lontano.	*vicino.*
distanza, s. f.	lontananza.	*vicinanza.*
distinguere, v. tr.	riconoscere, notare.	*confondere.*
distinguersi, v. intr. pronom.	emergere, farsi notare.	*confondersi.*
distratto, agg.	disattento, sbadato.	*attento.*
distruggere, v. tr.	abbattere, annientare.	*costruire.*
distruzione, s. f.	disfacimento, rovina.	*costruzione.*
disturbare, v. tr.	dare fastidio, dare noia.	*essere gradito.*
disubbidiente, agg.	non ubbidiente.	*ubbidiente.*
disuguaglianza, s. f.	diversità, differenza.	*uguaglianza.*
divenire, v. intr. aus. essere	diventare.	–
diverso, agg.	differente.	*uguale.*
divertire, v. tr.	ricreare, rallegrare.	*annoiare.*
divertirsi, v. intr. pronom.	ricrearsi, distrarsi.	*annoiarsi.*
dividere, v. tr.	separare.	*unire.*
dizionario, s. m.	vocabolario.	–
dolore, s. m.	sofferenza (fisica o morale).	*piacere.*
domanda, s. f.	interrogazione, quesito.	*risposta.*
domandare, v. tr.	chiedere, richiedere.	*rispondere.*
domani, avv.	il giorno seguente, il giorno successivo, il giorno dopo.	*ieri.*

	Sinonimi	Contrari
dono, s. m.	regalo.	–
dopo, avv., prep. e cong.	poi, in seguito.	*prima.*
dormire, v. intr. aus. avere	riposare, fare un sonno.	*essere sveglio.*
dove, avv.	in quale luogo, il luogo nel quale.	–
dovere, v. tr.	aver bisogno, avere l'obbligo.	–
dovere, s. m.	obbligo, compito.	*diritto.*
dubbio, s. m.	incertezza, indecisione.	*certezza.*
dubitare, v. intr. aus. avere	essere in dubbio, temere.	*essere certo.*
dunque, cong.	perciò, allora.	*invece.*
durante, prep.	nel corso di, nello spazio di.	–
durare, v. intr. aus. essere	prolungarsi, continuare per un certo tempo.	–
duro, agg.	resistente, consistente.	*morbido.*

E

	Sinonimi	Contrari
Ebbene, cong.	dunque, orbene.	–
eccellente, agg.	ottimo, pregevole.	*pessimo.*
eccezione, s. f.	cosa fuori dalla regola.	*cosa normale.*
eccitare, v. tr.	provocare, mettere in agitazione.	*calmare.*
economico, agg.	poco costoso, a buon mercato.	*costoso.*
edificare, v. tr.	costruire, fabbricare.	*abbattere.*
educare, v. tr.	allevare, istruire.	–
educato, agg.	beneducato, gentile.	*maleducato.*
effetto, s. m.	risultato, conseguenza.	*causa.*
egoismo, s. m.	amore di sé stesso.	*altruismo.*
elegante, agg.	ben vestito, raffinato.	*inelegante.*
eleggere, v. tr.	nominare, scegliere.	*scartare.*
elementare, agg.	semplice.	*elevato.*
eliminare, v. tr.	escludere, scartare.	*includere.*
emigrare, v. intr. aus. essere	espatriare.	*immigrare.*
energia, s. f.	forza, potenza.	*debolezza.*
enorme, agg.	grandissimo, immenso.	*piccolissimo.*
entrare, v. intr. aus. essere	accedere, introdursi.	*uscire.*
entrata, s. f.	ingresso, accesso.	*uscita.*
entusiasmare, v. tr.	esaltare, infervorare.	*avvilire.*
epoca, s. f.	era, età, periodo.	–

	SINONIMI	CONTRARI
eppure, cong.	nonostante, tuttavia.	–
esame, s. m.	prova orale o scritta.	–
esatto, agg.	preciso, giusto.	*inesatto.*
escludere, v. tr.	non ammettere, lasciar fuori.	*includere.*
esercito, s. m.	armata, truppa.	–
esercizio, s. m.	esercitazione.	–
esistenza, s. f.	vita, realtà.	*inesistenza.*
esistere, v. intr. aus. essere	essere, vivere.	*morire.*
esperienza, s. f.	conoscenza, pratica.	*inesperienza.*
espressivo, agg.	significativo.	*inespressivo.*
esprimere, v. tr.	dire, manifestare.	*tacere.*
estero, agg.	straniero.	*nazionale.*
eternità, s. f.	tempo infinito, vita eterna.	*precarietà.*
evidente, agg.	chiaro, indubbio.	*incerto.*
evitare, v. tr.	schivare, sfuggire.	*affrontare.*

F

	Sinonimi	Contrari
Fabbrica, s. f.	industria.	–
fabbricare, v. tr.	costruire, edificare.	*demolire.*
faccenda, s. f.	affare, lavoro.	–
facchino, s. m.	portatore, scaricatore.	–
faccia, s. f.	viso, volto.	–
facile, agg.	semplice, possibile.	*difficile.*
falsità, s. f.	inganno, bugia.	*verità.*
falso, agg.	non vero, finto.	*vero.*
fame, s. f.	grande appetito.	*sazietà.*
familiare, agg.	domestico, intimo.	*estraneo.*
famoso, agg.	celebre, noto, conosciuto.	*sconosciuto.*
fanciulla, s. f.	giovane ragazza.	*donna matura.*
fantasia, s. f.	immaginazione, inventiva.	*riflessione.*
fare, v. tr.	agire, creare, operare.	*disfare.*
fastidio, s. m.	noia, molestia, seccatura.	*piacere.*
fastidioso, agg.	seccante, noioso.	*piacevole.*
fatica, s. f.	sforzo, lavoro gravoso.	*riposo.*
fatto, s. m.	avvenimento, vicenda.	–
favore, s. m.	piacere, cortesia.	–
favorire, v. tr.	aiutare, proteggere.	*avversare.*
fedele, agg.	fidato, devoto.	*infedele.*

	SINONIMI	CONTRARI
felice, agg.	contento, beato, lieto.	*infelice.*
ferie, s. f. plur.	periodo di vacanza, di riposo.	*giorni di lavoro.*
ferire, v .tr.	colpire, percuotere.	*sanare.*
fermare, v. tr.	arrestare, trattenere.	*muovere.*
fermarsi, v. intr. pronom.	sostare, restare.	*muoversi.*
fermata, s. f.	sosta.	*continuazione.*
feroce, agg.	crudele, inumano.	*mite.*
fiaba, s. f.	favola, storiella.	*fatto vero.*
fiacco, agg.	debole, affaticato.	–
fiducia, s. f.	fede, speranza, sicurezza.	*sfiducia.*
figurare, v. tr.	rappresentare (con figura), raffigurare.	–
finalmente, avv.	alla fine.	–
finché, cong.	fino a quando.	–
fine, s. f.	termine, punto finale.	*principio.*
finire, v. tr.	terminare, concludere, ultimare.	*cominciare.*
finora, avv.	fino a questo momento.	–
finto, agg.	artificiale, falso.	*vero.*
firmare, v. tr.	mettere la firma, sottoscrivere.	–
fondo, s. m.	estremità, profondità.	–
forma, s. f.	aspetto, figura.	–
formare, v. tr.	comporre, creare, dar forma.	*disfare.*
forte, agg.	energico, solido.	*debole.*

	SINONIMI	CONTRARI
fortuna, s. f.	successo, buona sorte.	*sfortuna.*
fortunato, agg.	che ha fortuna.	*sfortunato.*
forza, s. f.	energia, robustezza.	*debolezza.*
frase, s. f.	espressione.	–
freddo, agg.	rigido, gelido.	*caldo.*
frequentare, v. tr.	visitare spesso, praticare.	*trascurare.*
frequente, agg.	ripetuto spesso.	*infrequente.*
frequenza, s. f.	assiduità.	*infrequenza.*
fretta, s. f.	premura, sollecitudine.	*lentezza.*
fronte, s. f.	parte superiore della testa.	–
fuggire, v. intr. aus. essere	scappare, evadere, sfuggire.	*rimanere.*
fuori, avv.	all'esterno.	*dentro.*
furbo, agg.	astuto, scaltro.	*ingenuo.*
furto, s. m.	latrocinio.	–
futuro, agg.	prossimo, venturo.	*passato.*
futuro, s. m.	avvenire, il tempo futuro.	*passato.*

G

	Sinonimi	Contrari
Gaio, agg.	allegro, lieto.	*triste.*
gara, s. f.	competizione, concorso.	–
garantire, v. tr.	dar garanzia, assicurare.	–
gareggiare, v. intr. aus. avere	competere, concorrere.	*collaborare.*
gelato, agg.	freddo, gelido, ghiacciato.	*caldissimo.*
gelosia, s. f.	sospetto, dubbio (in amore).	*fiducia.*
geloso, agg.	sospettoso, timoroso (in amore).	*fiducioso.*
generale, agg.	universale, comune a tutti.	*particolare.*
genere, s. m.	classe, tipo, insieme di più specie.	–
generoso, agg.	magnanimo, altruista.	*avaro.*
genitore, s. m.	padre.	*figlio.*
gente, s. f.	insieme, gruppo di persone.	*individuo.*
gentile, agg.	cortese, garbato.	*scortese.*
gesto, s. m.	atto, cenno, atteggiamento.	–
gettare, v. tr.	buttare, lanciare.	*tenere.*
giacché, cong.	poiché, dal momento che, dato che.	–
gioco, s. m.	passatempo, divertimento, svago.	–

	Sinonimi	Contrari
gioia, s. f.	contentezza, piacere, felicità.	*tristezza.*
giornale, s. m.	quotidiano, settimanale, periodico.	–
giornalismo, s. m.	stampa, professione del giornalista.	–
giorno, s. m.	giornata, dì.	*notte.*
giovane, s. m.	in età giovanile.	*vecchio.*
gioviale, agg.	lieto, gaio, sereno.	*triste.*
gita, s. f.	passeggiata, viaggetto, escursione.	–
giudicare, v. tr.	dare un giudizio, stimare, sentenziare.	*esser giudicato.*
giudizio, s. m.	opinione, parere, apprezzamento.	–
giungere, v. intr. aus. essere	arrivare, pervenire.	*partire.*
giurare, v. tr.	affermare, promettere solennemente, far giuramento.	*spergiurare.*
giustizia, s. f.	imparzialità, ragione.	*ingiustizia.*
giusto, agg.	imparziale, retto.	*ingiusto.*
gloria, s. f.	celebrità, altissima fama.	*infamia.*
godere, v. intr. aus. avere	provare piacere, rallegrarsi.	*soffrire.*
gonna, s. f.	veste, sottana.	–
governare, v. tr.	reggere, amministrare uno Stato, regnare.	–
gradevole, agg.	piacevole, gradito.	*sgradevole.*

	Sinonimi	Contrari
gradire, v. tr.	accettare, accogliere con piacere.	*rifiutare.*
grado, s. m.	condizione, autorità.	–
grande, agg.	vasto, esteso, grosso.	*piccolo.*
grasso, agg.	obeso.	*magro.*
gratis, avv.	senza pagamento, gratuitamente.	*a pagamento.*
grave, agg.	pesante, importante.	*leggero.*
gremito, agg.	pieno (di gente), affollato.	*vuoto.*
gridare, v. intr. aus. avere	urlare, strillare.	*mormorare.*
grosso, agg.	voluminoso, massiccio.	*sottile.*
gruppo, s. m.	unione (di più cose o persone).	–
guadagnare, v. tr.	ottenere, conseguire un guadagno.	*spendere.*
guaio, s. m.	danno, inconveniente, disgrazia.	*fortuna.*
guardare, v. tr.	rivolgere, fissare lo sguardo, osservare attentamente.	–
guardia, s. f.	vigile.	–
guarire, v. tr.	curare, ridare la salute.	–
guarire, v. intr. aus. essere	riacquistare la salute, rimettersi in salute.	*ammalarsi.*
guastare, v. tr.	rovinare, sciupare.	*aggiustare.*
guerra, s. f.	conflitto, lotta (di popoli).	*pace.*

	SINONIMI	CONTRARI
guerreggiare, v. intr. aus. avere	fare guerra, combattere, lottare.	*stare in pace.*
guidare, v. tr.	condurre, dirigere, indirizzare.	*abbandonare.*
gustoso, agg.	gradevole, appetitoso, piacevole (al gusto).	*disgustoso.*

I

	SINONIMI	CONTRARI
Idea, s. f.	pensiero.	*fatto.*
identico, agg.	uguale.	*diverso.*
identità, s. f.	uguaglianza.	*diversità.*
ieri, avv.	il giorno prima di oggi.	*domani.*
immaginare, v. tr.	credere, pensare.	*verificare.*
immenso, agg.	grandissimo.	*piccolissimo.*
imparare, v. tr.	apprendere.	*disimparare.*
impedire, v. tr.	ostacolare, proibire.	*permettere.*
impegnare, v. tr.	occupare.	*disimpegnare.*
impiego, s. m.	posto, lavoro.	–
imporre, v. tr.	comandare, obbligare.	*pregare.*
importante, agg.	rilevante, notevole.	*insignificante.*
importanza, s. f.	valore, interesse.	*irrilevanza.*
importare, v. intr. aus. essere	avere importanza, valere.	*non... importare.*
impossibile, agg.	assurdo, irrealizzabile.	*possibile.*
impressione, s. f.	effetto.	*indifferenza.*
improvviso, agg.	istantaneo, inaspettato.	*previsto.*
incerto, agg.	indeciso, dubbioso.	*certo.*
incidente, s. m.	disgrazia, infortunio.	–
incominciare, v. tr.	cominciare, iniziare.	–
incominciare, v. intr. aus. essere	avere inizio.	*finire.*
indeterminato, agg.	indefinito, incerto.	*determinato.*

	Sinonimi	Contrari
indicare, v. tr.	accennare, segnalare.	*nascondere.*
indirizzo, s. m.	recapito.	–
indispensabile, agg.	necessario.	–
infatti, cong.	in realtà, difatti.	*invece.*
infelice, agg.	triste, sfortunato.	*felice.*
infine, avv.	alla fine, finalmente.	*anzitutto.*
informare, v. tr.	dare notizia.	*ignorare.*
ingresso, s. m.	entrata.	*uscita.*
iniziare, v. tr.	cominciare, dare inizio.	*terminare.*
inizio, s. m.	principio.	*fine.*
innamorare, v. tr.	incantare.	–
innamorarsi, v. intr. pronom.	invaghirsi.	*disinnamorarsi.*
inoltre, avv.	per di più, oltre a ciò.	–
insegnante, s. m.	maestro, professore.	*alunno.*
insieme, avv.	con, in compagnia di...	*separatamente.*
insistere, v. intr. aus. avere	persistere.	*desistere.*
insomma, avv.	in conclusione, in breve.	–
intanto, avv.	nel frattempo.	*dopo.*
intelligente, agg.	bravo, capace.	*stupido.*
intelligenza, s. f.	capacità, mente.	*stupidità.*
intendere, v. tr.	capire, comprendere.	–
intendersi, v. rifl. rec.	accordarsi, mettersi d'accordo.	–
intenzione, s. f.	proposito, idea.	*rinuncia.*

	SINONIMI	CONTRARI
interessante, agg.	piacevole, attraente.	*indifferente.*
interessare, v. tr.	riguardare, importare.	–
interessarsi, v. intr. pronom.	occuparsi.	*disinteressarsi.*
interesse, s. m.	utilità, vantaggio.	*disinteresse.*
interno, agg.	di dentro, interiore.	*esterno.*
intero, agg.	tutto completo.	*parziale.*
interrogare, v. tr.	domandare, chiedere.	*rispondere.*
interrompere, v. tr.	sospendere.	*riprendere.*
interrompersi, v. intr. pronom.	fermarsi.	*continuare.*
intorno, avv.	attorno, in giro.	–
inumano, agg.	crudele, disumano.	*umano.*
inutile, agg.	vano, superfluo.	*utile.*
invariabile, agg.	sempre uguale.	*variabile.*
invece, avv.	al contrario.	*ugualmente.*
inventare, v. tr.	creare, ideare.	*imitare.*
invitare, v. tr.	fare un invito, una proposta.	*respingere.*
ira, s. f.	rabbia, collera, sdegno.	*calma.*
irregolarità, s. f.	–	*regolarità.*
istruito, agg.	colto, erudito.	*ignorante.*
istruzione, s. f.	insegnamento, cultura.	*ignoranza.*

43

L

	Sinonimi	Contrari
Lagnarsi, v. intr. pronom.	lamentarsi, dolersi.	*rallegrarsi.*
lanciare, v. tr.	gettare lontano, scagliare.	–
larghezza, s. f.	ampiezza.	*strettezza.*
largo, agg.	ampio, esteso.	*stretto.*
lasciare, v. tr.	abbandonare.	*prendere.*
lato, s. m.	fianco.	–
lavare, v. tr.	pulire.	*sporcare.*
lavorare, v. intr. aus. avere	operare, faticare.	*oziare.*
lavoro, s. m.	opera, compito.	*ozio.*
legare, v. tr.	stringere, unire insieme.	*slegare.*
legge, s. f.	regola, regolamento.	–
leggero, agg.	lieve, delicato.	*pesante.*
lentezza, s. f.	calma, pigrizia.	*velocità.*
lento, agg.	tardo, pigro.	*svelto.*
levare, v. tr.	alzare, sollevare.	*abbassare.*
liberare, v. tr.	rendere libero.	–
libero, agg.	non occupato.	*occupato.*
lieto, agg.	allegro, felice.	*triste.*
limitare, v. tr.	restringere, ridurre.	*allargare.*
limite, s. m.	confine, termine.	–
limonata, s. f.	spremuta di limone.	–

	SINONIMI	CONTRARI
linea, s. f.	riga, fila.	–
liquore, s. m.	bevanda alcolica.	–
lite, s. f.	litigio, contesa.	accordo.
litigare, v. intr. aus. avere	bisticciare.	andare d'accordo.
litigio, s. m.	lite, contrasto.	accordo.
lodare, v. tr.	elogiare, esaltare.	criticare.
logico, agg.	ragionevole.	illogico.
lontananza, s. f.	distanza, assenza.	vicinanza.
lontano, agg.	distante.	vicino.
luce, s. f.	chiarore.	buio.
luminosità, s. f.	splendore.	oscurità.
lungo, agg.	esteso.	corto.
luogo, s. m.	posto, paese.	–
lusingare, v. tr.	ingannare con lusinghe, adulare.	–
lusso, s. m.	sfoggio (di ricchezza).	povertà.
lussuoso, agg.	sontuoso, ricco.	povero.

45

M

	Sinonimi	Contrari
Macchiare, v. tr.	sporcare, imbrattare.	*smacchiare.*
macchiato, agg.	sporco.	*smacchiato.*
maestoso, agg.	grandioso, imponente.	*modesto.*
maestro, s. m.	insegnante.	*alunno.*
maggiore, agg.	più grande, più importante.	*minore.*
magnifico, agg.	splendido, meraviglioso.	*misero.*
magro, agg.	non grasso.	*grasso.*
mai, avv.	nessuna volta, in nessun tempo.	*sempre.*
malato, agg.	ammalato, infermo.	*sano.*
malattia, s. f.	male, malanno.	*buona salute.*
male, s. m.	malattia, dolore (fisico).	*bene.*
male, avv.	in modo non buono, non giusto.	*bene.*
maledire, v. tr.	imprecare, rinnegare.	*benedire.*
maligno, agg.	cattivo, malvagio.	*buono.*
malinconia, s. f.	tristezza, mestizia.	*buon umore.*
malinconico, agg.	triste, mesto, afflitto.	*allegro.*
malvagio, agg.	cattivo, crudele.	*buono.*
mamma, s. f.	madre.	–
mancanza, s. f.	insufficienza, scarsità.	*abbondanza.*
mancare, v. intr.	non bastare, scarseggiare.	*eccedere.*

	SINONIMI	CONTRARI
mandare, v. tr.	inviare, spedire.	*ricevere.*
mangiare, v. tr.	nutrirsi, cibarsi.	*digiunare.*
maniera, s. f.	modo.	–
manifestare, v. tr.	dimostrare, esprimere.	*nascondere.*
mantenere, v. tr.	reggere, sostenere.	*abbandonare.*
marito, s. m.	coniuge, sposo.	–
massimo, agg.	il più grande, grandissimo.	*minimo.*
matita, s. f.	lapis.	–
matrimonio, s. m.	nozze.	–
mattina, s. f.	mattino, mattinata.	*sera.*
matto, agg.	pazzo, folle.	*assennato.*
maturo, agg.	–	*immaturo.*
medico, s. m.	dottore, sanitario.	–
medio, agg.	di mezzo, centrale.	*inferiore o superiore.*
meglio, avv.	in modo migliore.	*peggio.*
memoria, s. f.	ricordo.	*dimenticanza.*
meno, avv.	in minor quantità.	*più.*
mentire, v. intr. aus. avere	dire bugie, inventare.	*dire la verità.*
mentre, cong.	nel tempo in cui, nel momento in cui.	–
meraviglioso, agg.	stupendo, incantevole.	*orrendo.*
meridionale, agg.	del Sud.	*settentrionale.*
meritare, v. tr.	essere degno, ottenere.	*non... meritare.*
mescolare, v. tr.	mettere insieme (cose diverse), mischiare.	*dividere.*

	SINONIMI	CONTRARI
mettere, v. tr.	porre, collocare.	*togliere.*
mettersi, v. intr. pronom.	iniziare, cominciare.	*smettere.*
mezzo, agg.	metà (dell'intero).	–
mezzo, s. m.	parte centrale, centro.	–
migliorare, v. tr.	rendere migliore, perfezionare.	*peggiorare.*
migliore, agg.	più buono.	*peggiore.*
minimo, agg.	piccolissimo.	*massimo.*
minore, agg.	più piccolo.	*maggiore.*
miseria, s. f.	estrema povertà.	*ricchezza.*
misurare, v. tr.	prendere la misura, calcolare, provare.	–
moda, s. f.	gusto del momento.	–
moderno, agg.	odierno, attuale.	*antico.*
modesto, agg.	semplice, discreto.	*immodesto.*
modo, s. m.	maniera.	–
moglie, s. f.	sposa, consorte.	–
molto, agg.	grande quantità (o numero).	*poco.*
molto, avv.	grandemente, assai.	*poco.*
momento, s. m.	attimo, minuto.	*lungo tempo.*
mondo, s. m.	universo.	–
montagna, s. f.	monte.	*pianura.*
moralità, s. f.	condotta morale, onestà.	*immoralità.*
morbido, agg.	soffice, tenero.	*duro.*
morire, v. intr. aus. essere	cessare di vivere, spirare.	*nascere.*

	SINONIMI	CONTRARI
morte, s. f.	decesso, fine.	*vita.*
mostrare, v. tr.	far vedere, indicare.	*nascondere.*
mostrarsi, v. rifl.	apparire, dimostrarsi.	*nascondersi.*
motivo, s. m.	causa, ragione.	*conseguenza.*
moto, s. m.	movimento.	*immobilità.*
municipio, s. m.	comune.	–
muovere, v. tr.	spostare, agitare.	*fermare.*
muoversi, v. intr. pronom.	spostarsi.	*star fermo.*
museo, s. m.	galleria, raccolta (di opere d'arte).	–
mutare, v. tr.	cambiare, variare.	*rimanere uguale.*
muto, agg.	privo della parola.	*loquace.*

49

N

	SINONIMI	CONTRARI
Nascere, v. intr. aus. essere	venire al mondo, provenire.	*morire.*
nascondere, v. tr.	non far vedere qualcosa o qualcuno.	*mostrare.*
nascondersi, v. intr. pronom.	non farsi vedere.	*mostrarsi.*
naturale, agg.	della natura, semplice.	*innaturale.*
naturalmente, avv.	certamente.	–
nazionale, agg.	della nazione, dello Stato.	*estero.*
nazionalità, s. f.	cittadinanza.	–
nazione, s. f.	paese.	–
neanche, avv.	nemmeno, neppure.	*anche.*
necessario, agg.	indispensabile, occorrente.	*superfluo.*
necessità, s. f.	bisogno.	*inutilità.*
negoziante, s. m.	commerciante.	*cliente.*
nemico, agg. e s. m.	avverso, ostile.	*amico.*
nemmeno, avv.	neanche, neppure.	*anche.*
neppure, avv.	vedi neanche.	–
nero, agg.	di colore nero.	*bianco.*
nervoso, agg.	agitato, irritabile.	*calmo.*
nessuno, agg. e pron.	neppure uno.	*tutti.*
niente, pron.	nulla, nessuna cosa.	*tutto.*
noia, s. f.	tedio, fastidio.	*piacere.*

	SINONIMI	CONTRARI
noioso, agg.	pesante, seccante.	*piacevole.*
nonostante, prep.	malgrado, tuttavia.	–
nonostante, cong.	sebbene, benché.	–
nord, s. m.	settentrione.	*sud.*
nordico, agg.	settentrionale.	*meridionale.*
normale, agg.	regolare, naturale.	*anormale.*
normalità, s. f.	regolarità.	*irregolarità.*
nota, s. f.	elenco, segno.	–
notare, v. tr.	osservare, considerare.	*non vedere.*
notevole, agg.	importante, considerevole.	*privo d'importanza.*
noto, agg.	conosciuto, famoso.	*sconosciuto.*
notte, s. f.	nottata.	*giorno.*
nozze, s. f. plur.	matrimonio.	–
nudo, agg.	senza vestiti, svestito.	*vestito.*
nulla, pron.	nessuna, cosa, niente.	*tutto.*
numeroso, agg.	in gran numero.	*scarso.*
nuocere, v .intr. aus. avere	danneggiare, far del male.	*essere utile.*
nuovo, agg.	recente, appena fatto.	*vecchio.*
nuvola, s. f.	nube.	–
nuvoloso, agg.	coperto di nuvole.	*sereno.*

O

	SINONIMI	CONTRARI
Obbligare, v. tr.	costringere, forzare.	*disobbligare.*
obbligo, s. m.	dovere, impegno.	*libertà.*
occasione, s. f.	opportunità, circostanza.	–
occorrere, v. intr. aus essere	bisognare, essere necessario.	*essere inutile.*
occupare, v. tr.	invadere, impadronirsi.	*lasciare.*
occuparsi, v. intr. pronom.	interessarsi, dedicarsi.	*disinteressarsi.*
occupato, agg.	impegnato.	*libero.*
odiare, v. tr.	detestare, avere in odio.	*amare.*
odio, s. m.	avversione, inimicizia.	*amore.*
offendere, v. tr.	insultare, colpire.	*difendere.*
offrire, v. tr.	dare, porgere.	*accettare o rifiutare.*
oggetto, s. m.	cosa, roba.	–
oggi, avv.	ora, adesso.	*domani o ieri.*
ogni, agg. m. e f. sing.	ciascuno, tutti.	–
ognuno, pron.	ogni persona, tutti.	–
oltre, avv.	più avanti, ancora.	–
oltre, prep.	al di là.	–
ombra, s. f.	oscurità.	*luce.*
onore, s. m.	dignità, virtù.	*disonore.*
opera, s. f.	lavoro, impresa.	–
operaio, s. m.	lavoratore, artigiano.	–

	SINONIMI	CONTRARI
opinione, s. f.	parere, idea.	–
opporre, v. tr.	contrapporre, contestare.	*approvare.*
opportuno, agg.	adatto, conveniente.	*inopportuno.*
oppure, cong.	o, viceversa.	–
ora, avv.	adesso, attualmente.	*prima o dopo.*
ordinare, v. tr.	mettere in ordine.	*disordinare.*
organizzare, v. tr.	disporre, predisporre.	*disorganizzare.*
organizzarsi, v. rifl.	prepararsi a fare qualcosa.	*disorganizzarsi.*
ormai, avv.	ora, adesso, a questo punto.	–
orrendo, agg.	orribile, bruttissimo.	*bellissimo.*
oscurità, s. f.	notte, tenebre.	*luce.*
osservare, v. tr.	guardare attentamente, esaminare.	*guardare distrattamente.*
ottenere, v. tr.	conseguire, raggiungere.	*perdere.*
ottimo, agg.	buonissimo, eccellente.	*pessimo.*
ovest, s. m.	occidente.	–
oziare, v. intr. aus. avere	stare in ozio.	*lavorare.*
ozio, s. m.	inattività.	*attività.*
ozioso, agg.	inattivo, inerte.	*attivo.*

53

P

	Sinonimi	Contrari
Pace, s. f.	accordo, quiete.	*guerra.*
padre, s. m.	genitore, papà.	–
padrone, s. m.	proprietario, principale.	–
paese, s. m.	nazione, stato.	–
pagare, v. tr.	retribuire, versare.	*riscuotere.*
pallido, agg.	scialbo, smorto.	*colorito.*
panorama, s. m.	paesaggio, vista.	–
pantaloni, s. m. plur.	calzoni.	–
papà, s. m.	padre, babbo.	–
Papa, s. m.	Pontefice, Santo Padre.	–
paragonare, v. tr.	confrontare, comparare.	–
paragone, s. m.	confronto, raffronto.	–
parcheggio, s. m.	posteggio (di automobili).	–
parecchio, agg. e pron.	non poco, alquanto.	*poco.*
parente, s. m.	congiunto.	*estraneo.*
parere, v. intr. aus. essere	sembrare, apparire.	*essere.*
parete, s. f.	muro interno.	–
pari, agg.	uguale, equivalente.	*dispari.*
parlare, v. intr. aus. avere	dire, esprimersi.	*tacere.*
parte, s. f.	porzione, pezzo.	–
partecipare, v. intr. aus. avere	prender parte.	–
particolare, agg.	speciale, specifico.	*generale.*

54

	Sinonimi	Contrari
particolarmente, avv.	in modo particolare.	*generalmente.*
partire, v. intr. aus. essere	allontanarsi, andare via (da un luogo).	*arrivare.*
partito, s. m.	parte politica.	–
passare, v. intr. aus. essere	andare da un luogo a un altro.	*stare.*
passato, agg.	trascorso, finito.	*presente.*
passeggiata, s. f.	camminata, giro.	–
passione, s. f.	grande amore, affetto.	*indifferenza.*
passo, s. m.	andatura, mossa.	–
patria, s. f.	paese, città, luogo natale.	–
paura, s. f.	timore, spavento.	*coraggio.*
pausa, s. f.	sosta, riposo.	*continuazione.*
paziente, agg.	tollerante, calmo.	*impaziente.*
pazienza, s. f.	sopportazione, tolleranza.	*impazienza.*
pazzo, agg. e s. m.	matto, folle.	*savio.*
peccato, s. m.	colpa, errore.	*merito.*
peggio, avv.	in modo peggiore.	*meglio.*
peggiore, agg.	più brutto, più cattivo.	*migliore.*
penoso, agg.	doloroso, tormentoso.	*lieto.*
pensare, v. intr. aus. avere	riflettere, meditare.	*agire.*
pensiero, s. m.	rfilessione, considerazione.	*azione.*
pensoso, agg.	pensieroso.	–
perché, avv.	per quale ragione.	–

	Sinonimi	Contrari
perché, cong.	poiché, affinché.	–
perciò, cong.	per questa ragione, per questo motivo.	–
perdere, v. tr.	smarrire.	*trovare.*
perdersi, v. intr. pronom.	smarrirsi.	*ritrovarsi.*
perdonare, v. tr.	non punire, scusare.	*condannare.*
perduto, agg.	perso, smarrito.	*trovato.*
perenne, agg.	continuo, eterno.	*temporaneo.*
perfetto, agg.	eccellente, ottimo.	*imperfetto.*
perfezione, s. f.	eccellenza.	*imperfezione.*
perfido, agg.	malvagio, cattivo.	*buono.*
perfino, avv.	persino, anche.	*neppure.*
pericolo, s. m.	rischio.	*sicurezza.*
pericoloso, agg.	pieno di pericoli, rischioso.	*sicuro.*
periodo, s. m.	tempo, spazio di tempo.	–
permesso, s. m.	autorizzazione, concessione.	*divieto.*
permettere, v. tr.	autorizzare, concedere.	*vietare.*
però, cong.	ma, tuttavia.	–
perpetuo, agg.	continuo, eterno.	*passeggero.*
persona, s. f.	uomo o donna, individuo.	*cosa.*
personale, agg.	individuale.	*impersonale.*
personalità, s. f.	individualità.	*impersonalità.*
persuadere, v. tr.	convincere, indurre.	*dissuadere.*
persuasione, s. f.	convinzione, convincimento.	*dissuasione.*

	SINONIMI	CONTRARI
perverso, agg.	malvagio, perfido.	*buono.*
pesante, agg.	greve, gravoso.	*leggero.*
pesantezza, s. f.	peso.	*leggerezza.*
pesare, v. tr.	misurare, calcolare il peso.	–
pesare, v. intr. aus. avere	avere un peso.	–
pessimo, agg.	cattivissimo.	*buonissimo.*
piacente, agg.	bello, piacevole.	*brutto.*
piacere, v. intr. aus. essere	soddisfare, riuscire gradevole.	*non piacere.*
piacere, s. m.	soddisfazione.	*dispiacere.*
piacevole, agg.	gradevole, attraente.	*spiacevole.*
piangere, v. intr. aus. avere	versare lacrime.	*ridere.*
piano, agg.	piatto, liscio.	*scosceso.*
piano, avv.	lentamente, adagio.	*velocemente.*
piano, s. m.	pianoforte.	–
piantare, v. tr.	interrare.	*sradicare.*
pianto, s. m.	lacrime.	*riso.*
pianura, s. f.		*monte.*
piccolo, agg.	basso, di poca età.	*grande.*
piegare, v. tr.	curvare, inclinare.	*raddrizzare.*
pieno, agg.	colmo, zeppo.	*vuoto.*
pietà, s. f.	compassione, commiserazione.	*crudeltà.*
pietra, s. f.	sasso, masso.	–
pigliare, v. tr.	prendere, afferrare.	*lasciare.*
pigro, agg.	indolente, svogliato.	*attivo.*

	SINONIMI	CONTRARI
piovere, v. intr. impers. aus. essere o avere	cadere la pioggia.	*spiovere.*
piuttosto, avv.	alquanto.	*neppure.*
placare, v. tr.	calmare, pacificare.	*irritare.*
placido, agg.	calmo, tranquillo.	*inquieto.*
poco, agg. indef.	piccolo (di numero, quantità).	*molto.*
poco, avv.	scarsamente, non molto.	*molto.*
poi, avv.	dopo, in seguito.	*prima.*
poiché, cong.	dato che, dal momento che.	
Pontefice, s. m.	Papa, Santo Padre.	–
popolarità, s. f.	celebrità, fama.	*impopolarità.*
popolato, agg.	abitato, frequentato.	*spopolato.*
popolazione, s. f.	abitanti, popolo.	–
popolo, s. m.	popolazione, gente.	–
porre, v. tr.	mettere, collocare.	*togliere.*
portalettere, s. m. e f. inv.	postino.	–
portare, v. tr.	recare, condurre.	*mandare.*
portiere, s. m.	portinaio, usciere.	–
posare, v. tr.	mettere giù, deporre.	*riprendere.*
positivo, agg.	reale, certo.	*negativo.*
possedere, v. tr.	avere, avere in possesso.	*essere privo.*
possibile, agg.	probabile, eventuale.	*impossibile.*
possibilità, s. f.	eventualità, probabilità.	*impossibilità.*
potente, agg.	forte, autorevole.	*debole.*
potere, s. m.	potenza, autorità.	*impotenza.*

	SINONIMI	CONTRARI
povero, agg.	scarso, privo di mezzi.	*ricco.*
povertà, s. f.	miseria, indigenza.	*ricchezza.*
pratico, agg.	esperto, competente.	*inesperto.*
precedente, agg.	anteriore.	*successivo.*
precedere, v. tr. e intr.	andare avanti, venire prima.	*seguire.*
precisione, s. f.	esattezza, cura.	*imprecisione.*
preciso, agg.	esatto, giusto.	*impreciso.*
preferire, v. tr.	preporre, prediligere.	–
preferito, agg.	favorito, prediletto.	*meno amato.*
premiare, v. tr.	dare, assegnare un premio.	*punire.*
premio, s. m.	ricompensa, dono.	*punizione.*
prendere, v. tr.	pigliare, afferrare.	*lasciare.*
preoccupare, v. tr.	mettere in ansia, impensierire.	*rassicurare.*
preoccuparsi, v. intr. pronom.	stare in ansia, stare in pensiero.	*rassicurarsi.*
	turbato, inquieto.	*tranquillo.*
preparare, v. tr.	apprestare, predisporre.	–
preparato, agg.	predisposto, pronto.	*impreparato.*
preparatorio, agg.	iniziale.	*conclusivo.*
prepotente, agg.	arrogante, autoritario.	*arrendevole.*
presente, agg.	che è qui, che è nello stesso luogo.	*assente.*
presente, s. m.	tempo attuale.	*passato.*
presso, avv.	vicino.	*lontano.*
presso, prep.	vicino a.	*lontano da.*

	SINONIMI	CONTRARI
prestare, v. tr.	dare in prestito.	–
presto, avv.	tra poco, subito.	*tardi.*
presuntuoso, agg.	orgoglioso, immodesto.	*modesto.*
prete, s. m.	sacerdote.	–
prezioso, agg.	di grande valore.	*di nessun valore.*
prigione, s. f.	carcere, galera.	–
prima, avv.	in precedenza, precedentemente.	*dopo.*
primo, agg.	iniziale.	*ultimo.*
principale, agg.	più importante, essenziale.	*secondario.*
principio, s. m.	inizio.	*fine.*
probabile, agg.	possibile.	*improbabile.*
probabilmente, avv.	forse, con probabilità.	–
problema, s. m.	questione, dubbio da risolvere.	*soluzione.*
professore, s. m.	insegnante.	*allievo.*
proibire, v. tr.	vietare, impedire.	*concedere.*
proibito, agg.	vietato, impedito.	*permesso.*
pronto, agg.	preparato, predisposto.	*impreparato.*
pronunzia, s. f.	modo di pronunziare.	–
pronunziare, v. tr.	dire, esporre.	*tacere.*
pronunziarsi, v. intr. pronom.	giudicare, dichiararsi.	–
proporre, v. tr.	suggerire, consigliare.	*distogliere.*
proposito, s. m.	intenzione, idea.	*realizzazione.*
proposta, s. f.	progetto, offerta.	*risposta.*

	SINONIMI	CONTRARI
prossimità, s. f.	vicinanza.	*lontananza.*
prossimo, agg.	vicinissimo, imminente.	*lontano.*
prova, s. f.	esperimento, dimostrazione.	–
provare, v. tr.	tentare.	–
prudente, agg.	cauto, assennato.	*imprudente.*
prudenza, s. f.	saggezza.	*imprudenza.*
pubblico, agg.	comune.	*privato.*
pulire, v. tr.	lavare.	*sporcare.*
pulito, agg.	lindo.	*sporco.*
puntuale, agg.	preciso.	*inesatto.*
pure, cong.	sebbene.	–
pure, avv.	anche.	–
purtroppo, avv.	sfortunatamente.	–

Q

	Sinonimi	Contrari
Quadro, s. m.	dipinto, pittura.	–
qualche, agg. m. e f.	alcuni, alcune.	–
qualcosa, pron.	qualche cosa.	*niente.*
qualcuno, pron.	qualcheduno.	*nessuno.*
qualità, s. f.	tipo, specie.	–
qualsiasi, agg.	qualunque.	*quello.*
qualunque, agg.	qualsiasi.	–
quando, cong.	nel momento in cui.	–
quando, avv.	in quale tempo.	–
quantità, s. f.	numero, abbondanza.	*scarsezza.*
quantunque, cong.	benché, sebbene.	–
quasi, avv.	circa, più o meno.	*esattamente.*
questione, s. f.	problema.	–
qui, avv.	in questo posto, in questo luogo.	–
quiete, s. f.	pace, calma.	*agitazione.*
quieto, agg.	calmo, tranquillo.	*inquieto.*
quindi, avv.	perciò per questo, per questa ragione.	–
quotidiano, agg.	di ogni giorno, giornaliero.	–
quotidiano, s. m.	giornale.	–

R

	Sinonimi	Contrari
Raccogliere, v. tr.	prendere su.	*lasciar cadere.*
raccontare, v. tr.	dire, esporre.	*tacere.*
racconto, s. m.	storia, romanzo.	–
ragazzo, s. m.	giovane.	*adulto.*
rapidità, s. f.	velocità, celerità.	*lentezza.*
rapido, agg.	svelto, veloce.	*lento.*
rapporto, s. m.	relazione.	–
rappresentare, v. tr.	mostrare, riprodurre.	–
raramente, avv.	di rado.	*spesso.*
raro, agg.	insolito, singolare.	*comune.*
rattristare, v. tr.	affliggere, addolorare.	*allietare.*
reale, agg.	vero, certo.	*irreale.*
recare, v. tr.	portare, apportare.	*tenere.*
recarsi, v. rifl.	andare.	–
reciproco, agg.	scambievole.	–
regalare, v. tr.	donare, dare in regalo.	–
regalo, s. m.	dono.	–
regola, s. f.	norma, legge.	–
regolare, agg.	normale.	*irregolare.*
regolarità, s. f.	normalità.	*irregolarità.*
regolarmente, avv.	in modo regolare, secondo la regola.	–
relazione, s. f.	rapporto.	–
remoto, agg.	molto lontano.	*vicinissimo.*

	SINONIMI	CONTRARI
rendere, v. tr.	restituire, ridare.	*tenere.*
requisito, s. m.	dote, qualità.	*difetto.*
resistere, v. intr. aus. avere	durare, reggere.	*cedere.*
restare, v. intr. aus. essere	rimanere, fermarsi.	*partire.*
restituire, v. tr.	rendere, consegnare.	*dare.*
restringere, v. tr.	ridurre, diminuire.	*allargare.*
ricchezza, s. f.	abbondanza, sostanza.	*povertà.*
ricco, agg.	facoltoso, danaroso.	*povero.*
ricevere, v. tr.	prendere, accettare.	*mandare.*
richiesta, s. f.	domanda.	*risposta.*
ricordare, v. tr.	rammentare.	*dimenticare.*
ricordarsi, v. intr. pronom.	rammentarsi.	*dimenticarsi.*
ridare, v. tr.	dare nuovamente, restituire.	*riprendere.*
riduzione, s. f.	diminuzione, calo.	*aumento.*
riempire, v. tr.	colmare, ricolmare.	*vuotare.*
rifare, v. tr.	fare nuovamente, ripetere.	–
rifiutare, v. tr.	respingere, negare.	*accettare.*
riflessivo, agg.	posato, ponderato.	*impulsivo.*
riguardare, v. tr.	interessare.	*essere estraneo.*
rimanere, v. intr. aus. essere.	restare, fermarsi.	*partire.*
rimettere, v. tr.	mettere, mettere nuovamente.	*togliere.*
ringraziare, v. tr.	dire grazie.	–
rinunziare, v. tr.	abbandonare, rifiutare.	*accettare.*

	SINONIMI	CONTRARI
ripetere, v. tr.	dire o fare di nuovo.	–
ripieno, agg.	colmo, molto pieno.	*vuoto.*
riprendere, v. tr.	prendere di nuovo, ricominciare.	*lasciare.*
rispettare, v. tr.	avere rispetto.	*disprezzare.*
rispondere, v. tr.	dare risposta, replicare.	*domandare.*
ritardare, v. intr.	essere in ritardo, tardare.	*anticipare.*
ritornare, v. intr. aus. essere	tornare.	*partire.*
ritrovare, v. tr.	trovare di nuovo.	*perdere.*
riuscire, v. intr. aus. essere	essere capace, essere in grado.	–
riva, s. f.	sponda.	–
rivedere, v. tr.	vedere di nuovo.	–
rivedersi, v. rifl. rec.	vedersi, incontrarsi di nuovo.	–
rivelare, v. tr.	confidare, confessare.	*tacere.*
rivista, s. f.	giornale periodico.	–
roba, s. f.	cosa.	–
robusto, agg.	forte, vigoroso.	*debole.*
rompere, v. tr.	spezzare, spaccare.	*accomodare.*
rotondo, agg.	tondo, circolare.	–
rumore, s. m.	chiasso, frastuono.	*silenzio.*
rumoroso, agg.	chiassoso.	*silenzioso.*

S

	Sinonimi	Contrari
Sacerdote, s. m.	Prete.	–
saggezza, s. f.	senno, giudizio.	*imprudenza.*
saggiamente, avv.	con saggezza.	–
saggio, agg.	assennato, prudente.	*imprudente.*
salire, v. intr. aus. essere		*scendere.*
salita, s. f.	ascesa.	*discesa.*
salone, s. m.	grande sala.	–
salvo, agg.	salvato, scampato.	*perduto.*
sano, agg.	in buona salute, robusto.	*ammalato.*
santo, agg.	divino, sacro.	*empio.*
sapere, v. tr.	conoscere, essere informato.	*ignorare.*
sapere, v. intr.	aver sapore.	–
sapiente, agg.	saggio, dotto.	*ignorante.*
sapienza, s. f.	cultura, saggezza.	*ignoranza.*
sapore, s. m.	gusto.	–
sbagliare, v. intr. aus. avere	commettere errori, errare.	*agire giustamente.*
sbagliare, v. tr.	fare male, eseguire male.	–
sbagliarsi, v. intr. pronom.	ingannarsi nel giudizio.	–
sbagliato, agg.	errato, inesatto.	*giusto.*
sbaglio, s. m.	errore.	*correzione.*
scadenza, s. f.	termine, limite (di tempo).	–

	SINONIMI	CONTRARI
scaldare, v. tr.	riscaldare, dar calore.	*raffreddare.*
scappare, v. intr. aus. essere	fuggire, correre.	–
scarsezza, s. f.	insufficienza, mancanza.	*abbondanza.*
scarso, agg.	insufficiente, povero.	*abbondante.*
scegliere, v. tr.	far la scelta, preferire.	–
scendere, v. intr. aus. essere	discendere.	*salire.*
scherzare, v. intr. aus. avere	giocare, fare o dire per scherzo.	*fare sul serio.*
sciagura, s. f.	grave disgrazia, catastrofe.	*ritorno al lavoro*
scienziato, s. m.	uomo di scienza.	–
sciopero, s. m.	astensione dal lavoro.	–
scomodità, s. f.	disagio.	*comodità.*
scomodo, agg.	non comodo.	*comodo.*
sconosciuto, agg.	ignoto, ignorato.	*conosciuto.*
scontento, agg.	insoddisfatto.	*contento.*
sconto, s. m.	riduzione.	–
scopo, s. m.	motivo, fine.	–
scoppiare, v. intr. aus. essere	esplodere.	–
scordare, v. tr.	dimenticare.	*ricordare.*
scordarsi, v. intr. pronom.	dimenticarsi.	*ricordarsi.*
scorretto, agg.	non corretto, inesatto.	*corretto.*
scorso, agg.	passato, trascorso.	*attuale.*
scortese, agg.	sgarbato.	*cortese.*
scrittore, s. m.	autore.	–

	Sinonimi	Contrari
scuro, agg.	non chiaro.	*chiaro.*
scusa, s. f.	perdono.	–
scusare, v. tr.	perdonare, difendere.	*incolpare.*
scusarsi, v. rifl.	chiedere scusa, giustificarsi.	–
sebbene, cong.	benché, quantunque.	–
secolo, s. m.	periodo di cento anni.	–
secondo, prep.	in base a, in relazione a.	–
sedersi, v. rifl.	mettersi a sedere.	*alzarsi.*
sedia, s. f.	seggiola.	–
segreto, agg.	nascosto, riservato.	*noto.*
seguire, v. tr.	andare dietro.	*precedere.*
sembrare, v. intr. aus. essere	apparire, parere.	*essere.*
semplicità, s. f.	facilità.	*difficoltà.*
sempre, avv.	continuamente, senza interruzione.	*mai.*
sentimento, s. m.	affetto, passione.	–
sentire, v. tr.	ascoltare, udire.	–
separare, v. tr.	dividere.	*unire.*
separarsi, v. rifl. rec.	lasciarsi.	*ricongiungersi.*
separazione, s. f.	divisione, distacco.	*unione.*
sera, s. f.	serata.	*mattina.*
sereno, agg.	limpido, chiaro.	*nuvoloso.*
sereno, s. m.	cielo sereno.	–
servire, v. intr. aus. essere	essere utile, giovare.	–
servirsi, v. intr. pronom.	usare.	–

	SINONIMI	CONTRARI
settentrionale, agg.	del nord.	*meridionale.*
settentrione, s. m.	nord.	*sud.*
settimana, s. f.	periodo di sette giorni.	–
severità, s. f.	rigore, durezza.	*indulgenza.*
severo, agg.	austero, rigido.	*indulgente.*
sfiducia, s. f.	mancanza di fiducia.	*fiducia.*
sfortuna, s. f.	disgrazia.	*fortuna.*
sfortunato, agg.	disgraziato, sventurato.	*fortunato.*
sicuramente, avv.	certamente.	–
sicurezza, s. f.	certezza, tranquillità.	*incertezza.*
sicuro, agg.	certo, indubbio.	*incerto.*
significare, v. tr.	esprimere, indicare.	–
significato, s. m.	senso.	–
silenzio, s. m.	assenza di rumori.	*rumore.*
silenzioso, agg.	taciturno, quieto.	*rumoroso.*
simile, agg.	somigliante, analogo.	*diverso.*
simpatico, agg.	piacevole, affabile.	*antipatico.*
sincerità, s. f.	franchezza, lealtà.	*falsità.*
sincero, agg.	schietto, leale.	*falso.*
sinistra, s. f.	la mano sinistra.	*destra.*
sinistro, agg.	mancino.	*destro.*
sistema, s. m.	metodo, regola.	–
sistemare, v. tr.	mettere in ordine, collocare.	–
sistemarsi, v. rifl.	mettersi a posto, collocarsi.	–

	SINONIMI	CONTRARI
situazione, s. f.	stato, condizione.	–
smettere, v. tr.	interrompere, sospendere.	*ricominciare.*
soddisfatto, agg.	contento, appagato.	*insoddisfatto.*
soffrire, v. tr.	patire, sopportare.	*godere.*
sognare, v. tr.	vedere, immaginare in sogno.	*vedere realmente.*
sogno, s. m.	–	*realtà.*
soldato, s. m.	militare.	–
soldo, s. m.	denaro.	–
solito, agg.	consueto, abituale.	*insolito.*
sollevare, v. tr.	alzare.	*abbassare.*
solo, avv.	soltanto, solamente.	–
soltanto, avv.	unicamente, solo.	–
sopra, prep.	su.	*sotto.*
soprattutto, avv.	principalmente, specialmente.	–
sorpresa, s. f.	improvvisata, cosa inaspettata.	–
sospetto, s. m.	timore, dubbio.	*certezza.*
sostare, v. intr. aus. avere	fermarsi.	*proseguire.*
sparire, v. intr. aus. essere	scomparire, svanire.	*apparire.*
spasso, s. m.	svago.	*noia.*
spassoso, agg.	divertente.	*noioso.*
spaventare, v. tr.	mettere paura, impaurire.	*tranquillizzare.*
spavento, s. m.	grande paura.	–
spazio, s. m.	posto, estensione.	–

	Sinonimi	Contrari
spazioso, agg.	ampio, vasto.	ristretto.
specchiarsi, v. rifl.	guardarsi nello specchio.	–
speciale, agg.	particolare.	comune.
specialmente, avv.	soprattutto, particolarmente.	–
specie, s. f. invar.	tipo, qualità.	–
spegnere, v. tr.	smorzare.	accendere.
spesso, avv.	molte volte, di frequente.	raramente.
spettacolo, s. m.	manifestazione artistica.	–
spiacevole, agg.	sgradevole, fastidioso.	piacevole.
spiegare, v. tr.	far capire, descrivere.	complicare.
spiegazione, s. f.	chiarimento.	–
spiritoso, agg.	arguto, brillante.	–
spogliare, v. tr.	svestire.	vestire.
spogliarsi, v. rifl.	svestirsi.	vestirsi.
spontaneo, agg.	naturale, istintivo.	forzato.
sporcare, v. tr.	macchiare, imbrattare.	pulire.
sporco, agg.	sudicio.	pulito.
sposarsi, v. rifl. e rifl. rec.	unirsi in matrimonio.	–
spostare, v. tr.	smuovere, rimuovere.	–
sprovvisto, agg.	privo, sfornito.	provvisto.
stabilire, v. tr.	decidere, fissare.	–
stabilirsi, v. rifl.	fissarsi (in un posto).	–
stamattina, avv.	questa mattina.	–

71

	Sinonimi	Contrari
stanco, agg.	affaticato.	*riposato.*
stanotte, avv.	questa notte.	–
stanza, s. f.	camera.	–
stare, v. intr. aus. essere	rimanere, restare.	*muoversi.*
stasera, avv.	questa sera.	–
stendere, v. tr.	distendere.	–
stendersi, v. rifl.	allungarsi.	–
stesso, agg.	medesimo, uguale.	*diverso.*
stile, s. m.	forma, carattere.	–
stimare, v. tr.	valutare, apprezzare.	–
strada, s. f.	via.	–
straniero, agg.	di un altro Paese, estero.	–
strano, agg.	insolito, curioso.	*normale.*
stretto, agg.	non ampio.	*largo.*
stringere, v. tr.	unire insieme, serrare.	*allargare.*
stupendo, agg.	bellissimo, meraviglioso.	*orribile.*
stupido, agg.	sciocco, insulso.	*intelligente.*
subito, avv.	immediatamente.	*dopo.*
succedere, v. intr. aus essere	accadere, avvenire, capitare.	–
successivo, agg.	seguente.	*precedente.*
successo, s. m.	buon risultato, buon esito.	*insuccesso.*
sudicio, agg.	sporco.	*pulito.*
sufficiente, agg.	bastante.	*insufficiente.*
superare, v. tr.	oltrepassare, sorpassare.	–

	Sinonimi	Contrari
superbia, s. f.	orgoglio.	*modestia.*
superbo, agg.	orgoglioso, altero.	*modesto.*
superiore, agg.	che sta sopra.	*inferiore.*
supporre, v. tr.	pensare, immaginare.	*affermare.*
sussurrare, v. tr.	mormorare, bisbigliare.	*gridare.*
svago, s. m.	distrazione, divertimento.	–
svegliare, v. tr.	destare, risvegliare.	*addormentare.*
svegliarsi, v. rifl.	destarsi, risvegliarsi.	*addormentarsi.*
svelto, agg.	pronto, lesto.	*lento.*

73

T

	Sinonimi	Contrari
Tacere, v. intr. aus. avere	non parlare, stare zitto.	*parlare.*
taciturno, agg.	silenzioso.	*loquace.*
talora, avv.	a volte, qualche volta.	*mai.*
tanto, agg.	molto.	*poco.*
tanto, avv.	molto assai.	*poco.*
tardi, avv.	a ora tarda, in ritardo.	*presto.*
telefonare, v. intr. aus. avere	chiamare, parlare per telefono.	–
tema, s. f.	argomento, soggetto da trattare.	–
temere, v. tr.	avere timore, avere paura.	–
tempesta, s. f.	uragano, burrasca.	*calma.*
tempestoso, agg.	burrascoso, violento.	*calmo.*
tendere, v. tr.	distendere, tirare.	*allentare.*
tendere, v. intr. aus. avere	mirare, propendere.	–
tenebra, s. f.	oscurità totale, buio.	*luce.*
tenere, v. tr.	reggere, trattenere.	*lasciare.*
tenero, agg.	non duro.	*duro.*
tentare, v. tr.	cercare, provare.	–
terminare, v. tr.	finire, ultimare.	*cominciare.*
termine, s. m.	limite, fine.	–
termosifone, s. m.	calorifero.	–
terrazzo, s. m.	balcone.	–
terreno, s. m.	tratto, pezzo di terra.	–

	SINONIMI	CONTRARI
terribile, agg.	spaventoso, tremendo.	*piacevole.*
timido, agg.	impacciato, timoroso.	*audace.*
tirare, v. tr.	distendere, allungare.	–
titubante, agg.	indeciso, incerto.	*deciso.*
togliere, v. tr.	levare.	*mettere.*
tollerante, agg.	indulgente, paziente.	*intollerante.*
tondo, agg.	rotondo.	–
tornare, v. intr. aus. essere	ritornare, venire di nuovo.	–
torto, s. m.	–	*ragione.*
totale, agg.	intero, assoluto.	*parziale.*
totalmente, avv.	completamente, assolutamente.	–
tovagliolo, s. m.	salvietta.	–
tradurre, v. tr.	trasportare, dire in altra lingua.	–
tragedia, s. f.	dramma.	–
tranne, prep.	eccetto, salvo.	*compreso.*
tranquillizzare, v. tr.	rassicurare.	*agitare.*
tranquillo, agg.	calmo, sereno.	*agitato.*
trattare, v. tr.	esporre, sviluppare.	–
trattenere, v. tr.	tenere, far rimanere.	*lasciare.*
trattenersi, v. rifl.	restare, sofferrmarsi.	*andarsene.*
tremendo, agg.	terribile, spaventoso.	*piacevole.*
triste, agg.	malinconico, mesto.	*allegro.*
tristezza, s. f.	malinconia, mestizia.	*allegria.*
troppo, avv.	eccessivamente.	*poco.*

	Sinonimi	Contrari
trovare, v. tr.	ritrovare, scoprire.	*perdere.*
turbamento, s. m.	smarrimento, commozione.	*quiete.*
turbare, v. tr.	agitare, confondere.	*calmare.*
turbato, agg.	agitato, confuso, preoccupato.	*tranquillo.*
tutto, pron.	ogni cosa.	*niente.*
tuttora, avv.	ancora, anche adesso.	–

U

	Sinonimi	Contrari
ubbidiente, agg.	disciplinato, docile.	*disubbidiente.*
udire, v. tr.	ascoltare, sentire.	–
uguale, agg.	identico, preciso.	*diverso.*
ultimo, agg.	estremo, finale.	*primo.*
umido, agg.	leggermente bagnato.	*asciutto.*
umiliare, v. tr.	mortificare, avvilire.	*esaltare.*
umiltà, s. f.	modestia.	*superbia.*
umorismo, s. m.	comicità, spirito.	–
umoristico, agg.	divertente, comico.	*serio.*
unanime, agg.	concorde, generale.	*discorde.*
unico, agg.	solo.	*numeroso.*
unicamente, avv.	solamente, esclusivamente.	–
unificare, v. tr.	riunire.	*dividere.*
unire, v. tr.	congiungere.	*dividere.*
universale, agg.	generale, totale.	*particolare.*
urlare, v. intr. aus. avere	gridare.	*mormorare.*
usanza, s. f.	uso, abitudine, consuetudine.	*disuso.*
usare, v. tr.	adoperare, impiegare.	–
usato, agg.	adoperato, vecchio.	*nuovo.*
uscire, v. intr. aus. essere	andare, venire fuori.	*entrare.*
uscita, s. f.	passaggio, apertura.	*entrata.*
usuale, agg.	comune, solito.	*insolito.*

	Sinonimi	Contrari
utile, agg.	vantaggioso, conveniente.	*inutile.*
utilità, s. f.	vantaggio, giovamento.	*inutilità.*
utilmente, avv.	con utilità, con profitto.	–
utilizzare, v. tr.	usare, adoperare.	*scartare.*

V

	SINONIMI	CONTRARI
Valore, s. m.	pregio, merito.	–
vanitoso, agg.	borioso.	*semplice.*
vantaggioso, agg.	utile, proficuo.	*svantaggioso.*
variare, v. tr.	cambiare, mutare.	*lasciare immutato.*
variazione, s. f.	mutamento, cambiamento.	*uguaglianza.*
vario, agg.	variato, diverso.	*uguale.*
vasto, agg.	ampio, esteso.	*ristretto.*
vecchio, agg.	anziano, di tarda età.	*giovane.*
vedere, v. tr.	guardare, notare.	–
veduta, s. f.	vista, paesaggio.	–
veloce, agg.	rapido, celere.	*lento.*
velocità, s. f.	sveltezza, rapidità.	*lentezza.*
vendere, v. tr.	–	*comprare.*
venire, v. intr. aus. essere	giungere, arrivare.	*andarsene.*
veramente, avv.	realmente.	–
verificare, v. tr.	accertare, appurare.	–
verità, s. f.	cosa vera, realtà.	*bugia.*
vero, agg.	certo, reale.	*falso.*
vestirsi, v. rifl.	mettersi i vestiti.	*spogliarsi.*
vestito, s. m.	abito.	–
via, s. f.	strada.	–
viaggiare, v. intr. aus. avere	fare viaggi.	–

	Sinonimi	Contrari
viale, s. m.	strada larga e alberata.	–
vicinanza, s. f.	prossimità.	*lontananza.*
vicino, agg.	non lontano.	*lontano.*
vicino, avv.	accanto, a poca distanza.	*lontano.*
vietare, v. tr.	proibire, non permettere.	*permettere.*
vietato, agg.	proibito.	*permesso.*
villeggiatura, s. f.	vacanza.	–
vincere, v. tr.	prevalere, superare.	*perdere.*
violento, agg.	aggressivo, impetuoso.	*calmo.*
viso, s. m.	faccia, volto.	–
vita, s. f.	esistenza.	*morte.*
vivere, v. intr. aus. essere	avere vita, esistere.	*morire.*
vivo, agg.	vivente.	*morto.*
vizioso, agg.	pieno di vizi, corrotto.	*virtuoso.*
voga, s. f.	moda, usanza.	*disuso.*
voglia, s. f.	desiderio.	–
volentieri, avv.	con piacere.	–
volere, v. tr. aus. avere	desiderare.	–
volontà, s. f.	volere, voglia.	–
volonteroso, agg.	–	*svogliato.*
voltare, v. tr.	volgere, girare.	–
volto, s. m.	viso, faccia.	–
voluminoso, agg.	grosso, ingombrante.	*piccolo.*
vuotare, v. tr.	svuotare.	*riempire.*
vuoto, agg.	–	*pieno.*

Z

	SINONIMI	CONTRARI
Zelante, agg.	coscienzioso, diligente, assiduo.	*negligente.*
zelo, s. m.	premura, diligenza.	*svogliatezza.*
zeppo, agg.	pienissimo, gremito.	*vuoto.*
zia, s. f.	sorella del padre o della madre.	–
zio, s. m.	fratello del padre o della madre.	–
zitto, agg.	silenzioso.	*loquace.*
zuffa, s. m.	rissa, baruffa, mischia.	–
zuppo, agg.	fradicio d'acqua, inzuppato.	–

Notes

Notes

Notes

Notes

Finito di stampare
nel mese di settembre 1990
da Guerra guru - Perugia